清道光但明倫簡介

U0064231

但明倫自述

金剛般若波羅蜜經

道光十有七年歲在丁酉奉委於江楚界
相地創卡駐劄督催鹽船建議緝私
章程六月設卡於黃州府廣濟縣之
武穴鎮公餘以洋青紙界銀絲闌泥
金寫金剛般若波羅蜜經般若波羅

蜜多心經既成因皇華馳驅于役靡
定裝潢稍大攜之行篋多有不便且
致汚褻不恭爰薰沐書此本貯以錦
囊將舟車跋涉南北奔馳皆可奉持
讀誦隨時隨地隨事辨理欲而葆性
真因果之說則非所敢計也雲湖記

但明倫自述，共二頁，擷取自本經書金剛經結尾與普門品開頭之間。

但明倫簡介

◎生平概述

但明倫，字天敘，號惇五，又號雲湖，清貴州廣順州（今長順縣廣順鎮）人。生於清乾隆四十七年（一七八二年），卒於清咸豐五年（一八五五年），享壽七十三歲。

但明倫年近四十才正式進入仕途，惟自五十歲以後仕途大起大落倍感艱辛。一八四二年，但氏升任兩淮鹽運使，駐揚州，加按察使銜；後因贖城之舉，以金銀賄賂發動鴉片戰爭的英國侵略軍，獲罪褫職。隔年遵旨捐復道員，並於一八四五年，復任兩淮鹽運使。

咸豐三年，太平天國反叛軍佔領南京，林鳳祥率軍攻打揚州，咸豐帝諭招已卸任鹽運使的但明倫幫同辦理揚州防務。情勢所逼，但氏復重十年前「贖城」之轍，仍派揚州紳商江壽民與太平軍達成協議：官員暫避城外，太平軍進城後自行退出。誰知太平軍不守約定，進入揚州後卻不願離開，揚州就此失陷。江壽民自盡，但明倫再次獲罪革職，發配新疆。

但氏第二次再因贖揚州城之舉獲罪時，已年過七十，體力大衰。其子但鍾良多次出奏，請求將功贖父親的罪，然不獲允准。咸豐五年，七十三歲的但氏病逝揚州。

◎德政功績

但明倫在各個官職上，莫不全力以赴，勤政愛民。尤其賑洞庭湖大水災，功績顯著，能苦民所苦。史載，但氏在離開鄖陽府時，當地士紳和平民百姓依依不捨跪送於泥淖之中。

但氏於道光二十二年任兩淮鹽運使駐揚州時，正是第一次鴉片戰爭期間，英軍進犯長江下游，連佔京口、鎮江等地。但明倫為保全，接受紳商江壽民與儀徵鹽商顏崇禮等人計策，賄賂英軍白銀六十萬兩，作為贖城之費。

但明倫此舉讓揚州及江北數郡人民得以免遭戰禍，百姓多所題詠頌揚，並繪製「紀德政」八圖名《淮南與頌圖》刻石紀念他，表彰他的愛國行為。

作為皇帝詔令加封按察使銜、委以防務重任的守城大員，即使但明倫做出贖城之舉實屬無奈，但為能保全一方，實不得不爾。誠如但氏自謂：「保此危城，心膽俱碎。」結果，老百姓爭相讚揚但氏護城之功，清廷卻將他革職了。

◎主要著作

但明倫於文學造詣頗深，仕宦餘暇，筆耕不輟，著有《貽謀隨筆》、《升沉功記錄》、《讀史管見》、《資治通覽觀要》、《耕織器具圖說》、《白雲山古跡考》、《聊齋志異新評》等，可惜兵燹後大半散佚。其中《聊齋志異新評》最為後世稱頌，被稱為「但評本」。

本手鈔本經書計《金剛般若波羅蜜經》、《般若波羅蜜心經》、《藥師琉璃光如來本願功德經》、《妙法蓮華經觀世音菩薩普門品》暨《金剛經集解》、《金剛經妙諦參解》、《般若波羅蜜心經集解》等，共四部經典暨三部參集解。

但氏自述中說明抄寫原委：作為皇帝的使臣，長年奔波於世間，居止不定。考慮原手抄佛經本較大，卷帙浩繁，不方便裝入行李箱中，也擔心旅途中弄髒汙了，褻瀆神聖不恭不敬。於是，莊嚴地薰香沐浴潔淨自身，抄寫本經書，並恭敬裝於錦緞囊袋。於南北奔波的旅途中，無論於舟船、馬車上，或館驛居停時，都可以隨時隨地隨事奉持讀誦。

但明倫虔信佛教，深信真性因果道理，故於官涯職場中，深知應為黎民百姓多謀福祉，並陸續書寫本經書以鞭策自己。實踐「以人為本」「社會參與」的「人間佛教」勵志範例。

祈願持有本經書居士大德，誠如但氏自述言，隨時奉持讀誦，隨時隨地隨事辦理，欲永葆真實本性而不退轉，至於依真性而行所生之因果，則不敢攀計也。

——原物收藏者　蔡孔章恭述

藥師瑠璃光如来本願功德經

如是我聞一時薄伽梵遊化諸國至廣嚴城住樂音樹下與大苾蒭衆八千人俱菩薩摩訶薩三萬六千及國王大臣婆羅門居士天龍八部人非人等無量大衆恭敬圍繞而為說法爾時曼殊室利法王子承

佛威神從座而起偏袒一肩右膝著地向
薄伽梵曲躬合掌白言世尊惟願演說如
是相類諸佛名號及本大願殊勝功德令
諸聞者業障銷除為欲利樂像法轉時諸
有情故爾時世尊讚曼殊室利童子言善
哉善哉曼殊室利汝以大悲勸請我說諸

一切法無相應信解一切法無相總之
以不生法相卅一分佛自謂本来真空無相
可取惟如如焉自然而然徧虛空世界
而未嘗動也一切有為法當作如是六
者觀則無為法自可悟證此四句正如
来真切滅度衆生處卅二分

道相傳而萬劫常存者惟此真性耳一合相即真性真性即實相一合相非一合相即實相非相之謂但凡夫貪戀執著著有遺無著無遺有縛于生滅豈知理相合一之妙哉艽分如是二字指示親切即無相之義應知一切法無相應見

佛名號本願功德為拔業障所纏有情利
益安樂像法轉時諸有情故汝今諦聽極
善思惟當為汝說曼殊室利言唯然願說
我等樂聞佛告曼殊室利東方去此過十
殑伽沙等佛土有世界名淨琉璃佛號藥
師瑠璃光如来應正等覺明行圓滿善逝

世間解無上士調御丈夫天人師佛薄伽
梵曼殊室利彼世尊藥師瑠璃光如来本
行菩薩道時發十二大願令諸有情所求
皆得

第一大願　願我来世得阿耨多羅三藐
三菩提時自身光明熾然照曜無量無數

嚴佛像之類音聲歌揚梵讚之類分廿六前
言通達無我法此復推至得成於忍作
聖全功盡此一言分廿八以世界碎為微塵
喻人身妄念如此之多一念之悟即不
受障不特妄念非實有即我身亦非實
有也一合相衆解不同大旨謂聖賢以

諸法亦自然合道故如如不動義耶諸
此（十七分）肉眼化身觀身天眼普照大千慧
眼智燭常明法眼了諸法空佛眼自性
常覺四相六塵遮蔽只是肉團眼一件
耳（十八分）非凡夫者人同此性凡夫非本来
面目是名凡夫（廿五分）偈發言成句也色莊

無邊世界以三十二大丈夫相八十隨形
莊嚴其身令一切有情如我無異
第二大願　願我來世得菩提時身如瑠
璃內外明徹淨無瑕穢光明廣大功德巍
巍身善安住燄網莊嚴過於日月幽冥衆
生悉蒙開曉隨意所趣作諸事業

第三大願　願我来世得菩提時以無量無邊智慧方便令諸有情皆得無盡所受用物莫令衆生有所乏少

第四大願　願我来世得菩提時若諸有情行邪道者悉令安住菩提道中若行聲聞獨覺乘者皆以大乘而安立之

依法修行是大乘萬法盡通萬行俱備

一切不染離諸法相一無所得名最上

乘十五分阿僧祇那由他華言皆無數也十六分

釋迦譯能仁即度脫一切牟尼譯寂默

即心體如如寂默為體即是如字能仁

為用即是来字性中本来自如其見之

所謂離相成佛也忍辱不嗔即造覺地
但四相既除不唯無辱可嗔亦且無辱
可忍則忍辱波羅蜜只虛名而已本無
所得權名為得寂然不動無相可求故
曰無實隨感皆通無理不備故曰無虛
十四分 見聞轉誦是小乘悟法解義是中乘

第五大願　願我来世得菩提時若有無量無邊有情於我法中修行梵行一切皆令得不缺戒具三聚戒設有毀犯聞我名已還得清淨不墮惡趣

第六大願　願我来世得菩提時若諸有情其身下劣諸根不具醜陋頑愚盲聾瘖

瘂攣躄背僂白癩顛狂種種病苦聞我名
已一切皆得端正黠慧諸根完具無諸疾
苦

第七大願　願我来世得菩提時若諸有
情衆病逼切無救無歸無醫無藥無親無
家貧窮多苦我之名號一經其耳衆病悉

若及也分十二佛說非住相而說故無所說
諸微塵衆生心中微塵雖有六塵一念
清淨即不能汙故云非微塵四大皆空
便能出世故云非世世界即是非相謂非
佛之真相也分十三實相無相故言為非離
相清淨解悟三空契合實相究竟涅槃

住六塵而生心皆是妄心當生心於無
所住處以無住住即以無生生也十分此
申說受持宣說經偈無為之功德勝無
數七寶布施有為之功德十一分天諸天善
神人含生知覺阿修羅一切向善魔部
眷屬尊重弟子諸大菩薩大阿羅漢也

除身心安樂家屬資具悉皆豐足乃至證
得無上菩提

第八大願　願我来世得菩提時若有女
人為女百惡之所逼惱極生厭離願捨女
身聞我名已一切皆得轉女成男具丈夫
相乃至證得無上菩提

第九大願　願我來世得菩提時令諸有情出魔羂網解脫一切外道纏縛若墮種種惡見稠林皆當引攝置於正見漸令修習諸菩薩行速證無上正等菩提

第十大願　願我來世得菩提時若諸有情王法所加縛錄鞭撻繫閉牢獄或當刑

譯無諍行離欲妙行也九分然燈佛即定
光佛此以實無所得証前四果之無所
得蓋導雖由師度則自度也佛所在世
界為佛土莊嚴修飾如造寺寫經布施
類若心著莊嚴便落名相亦成法障唯
反而證之于心心苟清淨莊嚴孰甚焉

果斯陀含譯一往来一度往生天上一
度来生人間是第二果阿那含譯不来
不濅来欲界受生是第三果阿羅漢譯
無生是第四果得無相之理故變果言
道諍者相持之義無諍則自離四相三
昧譯正受正見猶言甚深妙理阿蘭那

戮及餘無量災難陵辱悲愁煎逼身心受
苦若聞我名以我福德威神力故皆得解
脫一切憂苦

第十一大願　願我来世得菩提時若諸
有情飢渴所惱為求食故造諸惡業得聞
我名專念受持我當先以上妙飲食飽足

其身後以法味畢竟安樂而建立之
第十二大願　願我來世得菩提時若諸
有情貧無衣服蚊䖟寒熱晝夜逼惱若聞
我名專念受持如其所好即得種種上妙
衣服亦得一切寶莊嚴具華鬘塗香鼓樂
衆伎隨心所翫皆令滿足

作皆是勉强若真性之運用自然而然
何曾有所作為哉七分此布施作捨施與
前不同從此經出者諸佛求真性之法
皆不能外無為以為法也非佛法者佛
本無相執佛非佛法本無相執法非法第
八分須陀洹譯入流不為六塵所染為從

所謂有無俱遣語默雙忘也六分如来不盡廢法只無定法可名如来不盡廢言只無定法可說聞者不得執法而取說者不得執法而說非法非以法為法以一切法本性空故非非法非以無法為法以諸空法不離有故無為者凡有做

曼殊室利是為彼世尊藥師瑠璃光如来
應正等覺行菩薩道時所發十二微妙上
願復次曼殊室利彼世尊藥師瑠璃光如
来行菩薩道時所發大願及彼佛土功德
莊嚴我若一劫若一劫餘說不能盡然彼
佛土一向清淨無有女人亦無惡趣及苦

音聲瑠璃為地金繩界道城闕宮閣軒窓
羅網皆七寶成亦如西方極樂世界功德
莊嚴等無差別於其國中有二菩薩摩訶
薩一名
日光遍照二名
月光遍照是彼無量無數菩薩衆之上首

身一切法皆然悟人法兩空即見自性
如来五分持戒者諸惡莫作修福者衆善
奉行即種善根也田禪師曰種甘草甜
種黃連苦作如是因獲如是果無復四
相不執法相為法而住於有亦不執非
法相為法而住於無無法執亦無空執

貪是謂不住不住於相不住六塵之相
也住相者為妄住不住相即得真住所
教摠承上文此住作安住此正荅云何
應住蓋以無住為住處四分見以心見身
相佛色身也佛法身自有真相即天之
理如何可以相見凡所有相不但言色

次補佛處悉能持彼世尊藥師瑠璃光如
来正法寶藏是故曼殊室利諸有信心善
男子善女人等應當願生彼佛世界爾時
世尊復告曼殊室利童子言曼殊室利有
諸衆生不識善惡惟懷貪悋不知布施及
施果報愚癡無智闕於信根多聚財寶勤

加守護見乞者来其心不喜設不獲已而
行施時如割身肉深生痛惜復有無量慳
貪有情積集資財扵其自身尚不受用何
況能與父母妻子奴婢作使及来乞者彼
諸有情從此命終生餓鬼界或傍生趣由
昔人間曾得暫聞藥師瑠璃光如来名故

不得成菩提三分無所住住字作粘著解
與前住異義布施兼財法言不見有我
為能施人不見有他為受施者不見中
間有物可施三體皆空住無所住色眼
塵聲耳塵香鼻塵味舌塵觸身塵法意
塵六根不淨貪快其欲名六塵捨其所

易生死滅者斷習氣度者出生死自生至死以一世言生生死死以輪迴言無餘涅槃則真常湛寂永證清淨法身雖云滅度不過還其本然六祖所謂自性自度名為真度也我人衆生壽者四相近於貪瞋癡愛圓覺經云未除四種相

今在惡趣暫得憶念彼如来名即於念時
從彼處没還生人中得宿命念畏惡趣苦
不樂欲樂好行惠施讚歎施者一切所有
悉無貪惜漸次尚能以頭目手足血肉身
分施来求者况餘財物復次曼殊室利若
諸有情雖於如来受諸學處而破尸羅有

雖不破尸羅而破軌則有於尸羅軌則雖
得不壞然毀正見有雖不毀正見而棄多
聞於佛所說契經深義不能解了有雖多
聞而增上慢由增上慢覆蔽心故自是非
他嫌謗正法為魔伴黨如是愚人自行邪
見復令無量俱胝有情墮大險坑此諸有

生執相修因頊起邪念為有色內守頑
空不修福慧為無色滯諸聞見繫念染
著為有想靜沈死水猶如木石為無想
起生滅見落兩頭機為非有想非無想
湼不生槃不滅修行者之所依歸無餘
無多生習氣煩惱故能離分段生死變

云正覺言男女發求正覺之心當如何常住正念而使之不遷當如何降伏其妄心而使之不動也全經大旨不外住降二義一三分摩訶薩即大菩薩一切含靈為衆生俱有佛性卵生烏蟻類胎生人獸類溼生蚊螢類化生蠶蛾類欲界衆

情應於地獄傍生鬼趣流轉無窮若得聞
此藥師瑠璃光如来名號便捨惡行修諸
善法不墮惡趣設有不能捨諸惡行脩行
善法墮惡趣者以彼如来本願威力令其
現前暫聞名號從彼命終還生人趣得正
見精進善調意樂便能捨家趣於非家如

来法中受持學處無有毀犯正見多聞解甚深義離增上慢不謗正法不為魔伴漸次脩行諸菩薩行速得圓滿復次曼殊室利若諸有情慳貪嫉妒自讚毀他當墮三惡趣中無量千歲受諸劇苦受劇苦已從彼命終来生人間作牛馬駝驢恆被鞭撻

菩薩菩提覺也薩埵有情也諸菩薩指
會下學道之男女阿耨多羅梵言無上
三藐梵言正等三菩提梵言正覺此真
如本性包含太虚孰得而上之故云無
上上至諸佛下至蠢動此性正相平等
故云正等其覺圓明普照無偏無虧故

舍衛國波斯匿王國也匿王太子祇陀
於須達拏長者所施孤獨貧人之園建
精室請佛說法故曰祇樹樹施也比丘
僧也稱佛曰如来佛自稱亦曰如来如
者寂然不動来者感而遂通福慧雙修
曰菩薩梵語本云菩提薩埵畧其文曰

飢渴逼惱又常負重隨路而行或得為人
生居下賤作人奴婢受他驅役恒不自在
若昔人中曾聞世尊藥師瑠璃光如来名
號由此善因今復憶念至心歸依以佛神
力衆苦解脫諸根聰利智慧多聞恒求勝
法常遇善友永斷魔羂破無明𣪍竭煩惱

河解脱一切生老病死憂愁苦惱復次曼
殊室利若諸有情好喜乖離更相鬭訟惱
亂自他以身語意造作增長種種惡業展
轉常為不饒益事互相謀害告召山林樹
塚等神殺諸衆生取其血肉祭祀藥叉羅
剎婆等書怨人名作其形像以惡呪術而

則六度兼賅是故如来以智慧力鑿人
我山以智慧因除煩惱礦以智慧火鍊
成佛性精金得堅固力金剛是也具大
智慧般若是也度生死海登菩提岸波
羅蜜是也　佛華言覺覺悟自性並覺
悟羣生也生於周昭王時號釋迦牟尼

金剛經集解

般若梵語華言智慧波羅蜜華言到彼岸波羅蜜有六種布施持戒忍辱精進禪定智慧也布施度慳貪持戒度淫邪忍辱度嗔恚精進度懈退禪定度散亂智慧度愚癡般若能生八萬四千智慧

呪詛之厭魅蠱道呪起屍鬼令斷彼命及
壞其身是諸有情若得聞此藥師瑠璃光
如来名號彼諸惡事悉不能害一切展轉
皆起慈心利益安樂無損惱意及嫌恨心
各各歡悅於自所受生扵喜足不相侵陵
互為饒益復次曼殊室利若有四衆苾蒭

苾芻尼鄔波索迦鄔波斯迦及餘淨信善
男子善女人等有能受持八分齋戒或経
一年或復三月受持學處以此善根願生
西方極樂世界無量壽佛所聽聞正法而
未定者若聞世尊藥師瑠璃光如来名號
臨命終時有八大菩薩其名曰

妙法蓮華経觀世音菩薩普門品

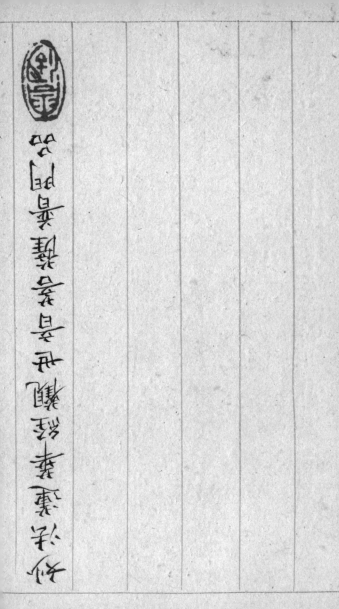

福聚海無量　是故應頂禮

爾時持地菩薩即從座起前白佛言世尊

若有衆生聞是觀世音菩薩品自在之業

普門示現神通力者當知是人功德不少

佛說是普門品時衆中八萬四千衆生皆

發無等等阿耨多羅三藐三菩提心

文殊師利菩薩

觀世音菩薩

得大勢菩薩

無盡意菩薩

寶檀華菩薩

藥王菩薩

藥上菩薩
彌勒菩薩
是八大菩薩乘空而来示其道路即於彼
界種種雜色衆寶華中自然化生或有因
此生於天上雖生天上而本善根亦未窮
盡不復更生諸餘惡趣天上壽盡還生人

念彼觀音力　衆怨悉退散
妙音觀世音　梵音海潮音
勝彼世間音　是故須常念
念念勿生疑　觀世音淨聖
於苦惱死厄　能為作依怙
具一切功德　慈眼視衆生

悲觀及慈觀　常願常瞻仰
無垢清淨光　慧日破諸闇
能伏災風火　普明照世間
悲體戒雷震　慈意妙大雲
澍甘露法雨　滅除煩惱燄
諍訟經官處　怖畏軍陣中

閻或為輪王統攝四洲威德自在安立無
量百千有情於十善道或生刹帝利婆羅
門居士大家多饒財寶倉庫盈溢形相端
正眷屬具足聰明智慧勇健威猛如大力士
若是女人得聞世尊藥師瑠璃光如來名號
至心受持於後不復更受女身復次曼殊

室利彼藥師琉璃光如来得菩提時由本
願力觀諸有情遇衆病苦瘦瘧乾消黃熱
等病或被厭魅蠱毒所中或復短命或時
横死欲令是等病苦消除所求願滿時彼
世尊入三摩地名曰除滅一切衆生苦惱
既入定已於肉髻中出大光明光中演說

觀音妙智力　能救世間苦
具足神通力　廣脩智方便
十方諸國土　無刹不現身
種種諸惡趣　地獄鬼畜生
生老病死苦　以漸悉令滅
真觀清淨觀　廣大智慧觀

念彼觀音力　疾走無邊方
蚖蛇及蝮蠍　氣毒烟火然
念彼觀音力　尋聲自回去
雲雷鼓掣電　降雹澍大雨
念彼觀音力　應時當消散
衆生被困厄　無量苦逼身

大陁羅尼曰

南謨薄伽伐帝　鞞殺社寠嚕　薜瑠璃

鉢喇婆喝囉闍也　呾陀揭多耶　阿囉

喝帝　三藐三勃陀耶　怛姪陀　唵

鞞殺逝　鞞殺逝　鞞殺社　三没揭

帝莎訶

爾時光中說此呪已大地震動放大光明
一切衆生病苦皆除受安隱樂曼珠室利
若見男子女人有病苦者應當一心爲彼
病人常清淨澡漱或食或藥或無蟲水呪
一百八遍與彼服食所有病苦悉皆消滅
若有所求至心念誦皆得如是無病延年

念彼觀音力　釋然得解脫
呪詛諸毒藥　所欲害身者
念彼觀音力　還著於本人
或遇惡羅刹　毒龍諸鬼等
念彼觀音力　時悉不敢害
或惡獸圍繞　利牙爪可怖

念彼觀音力　不能損一毛
或值怨賊繞　各執刀加害
念彼觀音力　咸即起慈心
或遭王難苦　臨刑欲壽終
念彼觀音力　刀尋段段壞
或囚禁枷鎖　手足被杻械

命終之後生彼世界得不退轉乃至菩提
是故曼殊室利若有男子女人於彼藥師
瑠璃光如来至心慇重恭敬供養者常持
此呪勿令廢忘復次曼殊室利若有淨信
男子女人得聞藥師瑠璃光如来應正等
覺所有名號聞已誦持晨嚼齒木澡漱清

淨以諸香花燒香塗香作衆伎樂供養形
像於此經典若自書若教人書一心受持
聽聞其義於彼法師應修供養一切所有
資身之具悉皆施與勿令乏少如是便蒙
諸佛護念所求願滿乃至菩提爾時曼殊
室利童子白佛言世尊我當誓於像法轉

念彼觀音力　火坑變成池
或漂流巨海　龍魚諸鬼難
念彼觀音力　波浪不能沒
或在須彌峰　為人所推墮
念彼觀音力　如日虛空住
或被惡人逐　墮落金剛山

汝聽觀音行　善應諸方所
宏誓深如海　歷劫不思議
侍多千億佛　發大清淨願
我為汝畧說　聞名及見身
心念不空過　能滅諸有苦
假使興害意　推落大火坑

時以種種方便令諸淨信善男子善女人
等得聞世尊藥師瑠璃光如来名號乃至
睡中亦以佛名覺悟其耳世尊若於此經
受持讀誦或復為他演說開示若自書若
教人書恭敬尊重以種種華香塗香抹香
燒香華鬘瓔珞幡蓋伎樂而為供養以五

色綵作囊盛之掃灑淨處敷設高座而用
安處爾時四大天王與其眷屬及餘無量
百千天衆皆詣其所供養守護世尊若此
經寶流行之處有能受持以彼世尊藥師
瑠璃光如来本願功德及聞名號當知是
處無復横死亦復不為諸惡鬼神奪其精

奉多寶佛塔無盡意觀世音菩薩有如是
自在神力遊於娑婆世界爾時無盡意菩
薩以偈問曰

世尊妙相具　我今重問彼
佛子何因緣　名為觀世音
具足妙相尊　偈答無盡意

仁者愍我等故受此瓔珞爾時佛告觀世音菩薩當愍此無盡意菩薩及四衆天龍夜叉乾闥婆阿修羅迦樓羅緊那羅摩睺羅伽人非人等故受是瓔珞即時觀世音菩薩愍諸四衆及於天龍人非人等受其瓔珞分作二分一分奉釋迦牟尼佛一分

氣設已奪者還得如故身心安樂佛告曼
殊室利若有淨信善男子善女人等欲供
養彼世尊藥師瑠璃光如来者應先造立
彼佛形像敷清淨座而安處之散種種花
燒種種香以種種幢幡莊嚴其處七日七
夜受八分齋戒食清淨食澡浴香潔著清

淨衣應生無垢濁心無瞋害心於一切有
情起利益安樂慈悲喜捨平等之心鼓樂
歌讚右繞佛像復應念彼如來本願功德
讀誦此經思惟其義演說開示隨所樂求
一切皆遂求長壽得長壽求富饒得富饒
求官位得官位求男女得男女若復有人

畏急難之中能施無畏是故此娑婆世界
皆號之為施無畏者無盡意菩薩白佛言
世尊我今當供養觀世音菩薩即解頸衆
寶珠瓔珞價直百千兩金而以與之作是
言仁者受此法施珍寶瓔珞時觀世音菩
薩不肯受之無盡意復白觀世音菩薩言

樓羅緊那羅摩睺羅伽人非人等身得度
者即皆現之而為説法應以執金剛神得
度者即現執金剛神而為説法無盡意是
觀世音菩薩成就如是功德以種種形遊
諸國土度脱衆生是故汝等應當一心供
養觀世音菩薩是觀世音菩薩摩訶薩於怖

忽得惡夢見諸惡相或怪鳥来集或於住
處百怪出現此人若以衆妙資具恭敬供
養彼世尊藥師瑠璃光如来者惡夢惡相
諸不吉祥皆悉隱沒不能爲患或有水火
刀毒懸險惡象師子虎狼熊羆毒蛇惡蝎
蜈蚣蚰蜒蚊寅等怖若能至心憶念彼佛

恭敬供養一切怖畏皆得解脫若他國侵擾盜賊反亂憶念恭敬彼如来者亦皆解脫復次曼殊室利若有淨信善男子善女人等乃至盡形不事餘天唯當一心歸佛法僧受持禁戒若五戒十戒菩薩四百戒苾芻二百五十戒苾芻尼五百戒於所受

說法應以比丘比丘尼優婆塞優婆夷身
得度者即現比丘比丘尼優婆塞優婆夷
身而為說法應以長者居士宰官婆羅門
婦女身得度者即現婦女身而為說法應以
童男童女身得度者即現童男童女身而
為說法應以天龍夜叉乾闥婆阿脩羅迦

者即現毘沙門身而為說法應以小王身
得度者即現小王身而為說法應以長者
身得度者即現長者身而為說法應以居
士身得度者即現居士身而為說法應以
宰官身得度者即現宰官身而為說法應
以婆羅門身得度者即現婆羅門身而為

中或有毀犯怖墮惡趣若能專念彼佛名
號恭敬供養者必定不受三惡趣生或有
女人臨當產時受於極苦若能至心稱名
禮讚恭敬供養彼如来者衆苦皆除所生
之子身分具足形色端正見者歡喜利根
聰明安隱少病無有非人奪其精氣爾時

世尊告阿難言如我稱揚彼世尊藥師瑠
璃光如来所有功德此是諸佛甚深行處
難可解了汝為信不阿難白言大德世尊
我於如来所說契經不生疑惑所以者何
一切如来身語意業無不清淨世尊此日
月輪可令墮落妙高山王可使傾動諸佛

者即現梵王身而為說法應以帝釋身得
度者即現帝釋身而為說法應以自在天
身得度者即現自在天身而為說法應以
大自在天身得度者即現大自在天身而
為說法應以天大將軍身得度者即現天
大將軍身而為說法應以毘沙門身得度

云何而為衆生說法方便之力其事云何
佛告無盡意菩薩善男子若有國土衆生
應以佛身得度者觀世音菩薩即現佛身
而為說法應以辟支佛身得度者即現
辟支佛身而為說法應以聲聞身得度者
即現聲聞身而為說法應以梵王身得度

所言無有異也世尊有諸衆生信根不具
聞說諸佛甚深行處作是思惟云何但念
藥師瑠璃光如来一佛名號便獲爾所功
德勝利由此不信返生誹謗彼於長夜失
大利樂墮諸惡趣流轉無窮佛告阿難是
諸有情若聞世尊藥師瑠璃光如来名號

至心受持不生疑惑墮惡趣者無有是處
阿難此是諸佛甚深所行難可信解汝今
能受當知皆是如来威力阿難一切聲聞
獨覺及未登地諸菩薩等皆悉不能如實
信解唯除一生所繫菩薩阿難人身難得
於三寶中信敬尊重亦難可得聞世尊藥

德多不無盡意言甚多世尊佛言若復有

人受持觀世音菩薩名號乃至一時禮拜

供養是二人福正等無異於百千萬億劫

不可窮盡無盡意受持觀世音菩薩得如

是無量無邊福德之利無盡意菩薩白佛

言世尊觀世音菩薩云何遊此娑婆世界

植德本衆人愛敬無盡意觀世音菩薩有
如是力若有衆生恭敬禮拜觀世音菩薩
福不唐捐是故衆生皆應受持觀世音菩
薩名號無盡意若有人受持六十二億恒
河沙菩薩名字復盡形供養飲食衣服卧
具醫藥於汝意云何是善男子善女人功

師瑠璃光如来名號復難於是阿難彼藥
師瑠璃光如来無量菩薩行無量善巧方
便無量廣大願我若一劫若一劫餘而廣
說者劫可速盡彼佛行願善巧方便無有
盡也
爾時衆中有一菩薩摩訶薩名曰救脫即

從座起偏袒右肩右膝著地曲躬合掌而
白佛言大德世尊像法轉時有諸衆生為
種種患之所困厄長病羸瘦不能飲食喉
脣乾燥見諸方暗死相現前父母親屬朋
友知識啼泣圍繞然彼自身臥在本處見
琰魔使引其神識至於琰魔法王之前然

常念恭敬觀世音菩薩便得離嗔若多愚
癡常念恭敬觀世音菩薩便得離癡無盡
意觀世音菩薩有如是等大威神力多所
饒益是故衆生常應心念若有女人設欲
求男禮拜供養觀世音菩薩便生福德智
慧之男設欲求女便生端正有相之女宿

菩薩名號是菩薩能以無畏施於衆生汝
等若稱名者於此怨賊當得解脫衆商人
聞俱發聲言南無觀世音菩薩稱其名故
即得解脫無盡意觀世音菩薩摩訶薩威
神之力巍巍如是若有衆生多於淫慾常
念恭敬觀世音菩薩便得離慾若多嗔恚

諸有情有俱生神隨其所作若罪若福皆
具書之盡持授與琰魔法王爾時彼王推
問其人計算所作隨其罪福而處斷之時
彼病人親屬知識若能為彼歸依世尊藥
師瑠璃光如来請諸衆僧轉讀此經然七
層之燈懸五色續命神幡或有是處彼識

得還如在夢中明了自見或經七日或二
十一日或三十五日或四十九日彼識還
時如從夢覺皆自憶知善不善業所得果
報由自證見業果報故乃至命難亦不造
作諸惡之業是故淨信善男子善女人等
皆應受持藥師琉璃光如来名號隨力所

以惡眼視之況復加害設復有人若有罪
若無罪杻械枷鎖檢繫其身稱觀世音菩
薩名者皆悉斷壞即得解脫若三千大千
國土滿中怨賊有一商主將諸商人賫持
重寶經過險路其中一人作是唱言諸善
男子勿得恐怖汝等應當一心稱觀世音

有乃至一人稱觀世音菩薩名者是諸人等皆得解脫羅刹之難以是因緣名觀世音若復有人臨當被害稱觀世音菩薩名者彼所執刀杖尋段段壞而得解脫若三千大千國土滿中夜叉羅刹欲来惱人聞其稱觀世音菩薩名者是諸惡鬼尚不能

能恭敬供養爾時阿難問救脫菩薩曰善
男子應云何恭敬供養彼世尊藥師瑠璃
光如来續命旛燈復云何造救脫菩薩言
大德若有病人欲脫病苦當為其人七日
七夜受持八分齋戒應以飲食及餘資具
隨力所辦供養苾芻僧晝夜六時禮拜行

道供養彼世尊藥師瑠璃光如来讀誦此
経四十九遍然四十九燈造彼如来形像
七軀一一像前各置七燈一一燈量大如
車輪乃至四十九日光明不絶造五色綵
幡長四十九搩手應放雜類衆生至四十
九可得過度危厄之難不為諸横悪鬼所持

觀其音聲皆得解脫若有持世觀世音菩
是
薩名者設入大火火不能燒由是菩薩威
神力故若為大水所漂稱其名號即得淺
處若有百千萬億衆生為求金銀琉璃硨
磲瑪瑙珊瑚琥珀真珠等寶入於大海假
使黑風吹其船舫漂墮羅剎鬼國其中若

妙法蓮華經觀世音菩薩普門品

爾時無盡意菩薩即從座起偏袒右肩合掌向佛而作是言世尊觀世音菩薩以何因緣名觀世音佛告無盡意菩薩善男子若有無量百千萬億衆生受諸苦惱聞是觀世音菩薩一心稱名觀世音菩薩即時

復次阿難若剎帝利灌頂王等災難起時
所謂人衆疾疫難他國侵逼難自界叛逆
難星宿變怪難日月薄蝕難非時風雨難
過時不雨難彼剎帝利灌頂王等爾時應
於一切有情起慈悲心赦諸繫閉依前所
說供養之法供養彼世尊藥師瑠璃光如

来由此善根及彼如来本願力故令其國界即得安隱風雨順時穀稼成熟一切有情無病歡樂扵其國中無有暴惡藥叉等神惱有情者一切惡相皆即隱沒而剎帝利灌頂王等壽命色力無病自在皆得增益阿難若帝后妃主儲君王子大臣輔相

蜜多心経既成因皇華馳驅于役靡
定裝潢稍大携之行篋多有不便且
致汚褻不恭爰薰沐書此本貯以錦
囊將舟車跋涉南北奔馳皆可奉持
讀誦隨時隨地隨事辨理欲而葆性
真因果之説則非所敢計也雲湖記

金剛般若波羅蜜經

道光十有七年歲在丁酉奉委於江楚界
相地創卡駐劄督催鹽船建議緝私
章程六月設卡於黃州府廣濟縣之
武穴鎮公餘以洋青紙界銀絲闌泥
金寫金剛般若波羅蜜經般若波羅

中宮婇女百官黎庶為病所苦及餘厄難
亦應造立五色神幡然燈續明放諸生命
散雜色花燒衆名香病得除愈衆難解脱
爾時阿難問救脱菩薩言善男子云何已
盡之命而可增益救脱菩薩言大德汝豈
不聞如来說有九横死耶是故勸造續命

幡燈修諸福德以脩福故盡其壽命不經苦
患阿難問言九橫云何救脫菩薩言若諸
有情得病雖輕然無醫藥及看病者設復
遇醫授以非藥實不應死而便橫死又信
世間邪魔外道妖孽之師妄說禍福便生
恐動心不自正卜問覓禍殺種種衆生解

偈等受持讀誦為人演說其福勝彼云何
為人演說不取於相如如不動何以故一
切有為法如夢幻泡影如露亦如電應作
如是觀佛說是經已長老須菩提及諸比
丘比丘尼優婆塞優婆夷一切世間天人
阿修羅聞佛所說皆大歡喜信受奉行

卅二分

見須菩提發阿耨多羅三藐三菩提心者於一切法應如是知如是見如是信解不生法相須菩提所言法相者如来說即非法相是名法相

須菩提若有人以滿無量阿僧祇世界七寶持用布施若有善男子善女人發菩提心者持於此經乃至四句

奏神明呼諸魍魎請乞福祐欲冀延年終
不能得愚癡迷惑信邪倒見遂令橫死入
於地獄無有出期是名初橫二者橫被王
法之所誅戮三者畋獵嬉戲耽淫嗜酒放
逸無度橫為非人奪其精氣四者橫為火
焚五者橫為水溺六者橫為種種惡獸所

噉七者橫墮山崖八者橫為毒藥厭禱呪
詛起屍鬼等之所中害九者飢渴所困不
得飲食而便橫死是為如來畧說橫死有此
九種其餘復有無量諸橫難可具說復次
阿難彼琰魔王主領世間名籍之記若諸
有情不孝五逆破辱三寶壞君臣法毀於

可說但凡夫之人貪著其事須菩提若人言佛說我見人見眾生見壽者見須菩提於意云何是人解我所說義不不也世尊是人不解如来所說義何以故世尊說我見人見眾生見壽者見即非我見人見眾生見壽者見是名我見人見眾生見壽者

故若是微塵衆實有者佛即不說是微塵
衆所以者何佛說微塵衆即非微塵衆是
名微塵衆世尊如来所說三千大千世界
即非世界是名世界何以故若世界實有
者即是一合相如来說一合相即非一合
相是名一合相須菩提一合相者即是不

信戒琰魔法王隨罪輕重考而罰之是故
我今勸諸有情然燈造幡放生修福令度
苦厄不遭衆難爾時衆中有十二藥叉大
將俱在會坐所謂

宮毗羅大將　伐折羅大將

迷企羅大將　安底羅大將

頞你羅大將　珊底羅大將
因達羅大將　波夷羅大將
摩虎羅大將　真達羅大將
招杜羅大將　毗羯羅大將
此十二藥叉大將一一各有七千藥叉以
為眷屬同時舉聲白佛言世尊我等今者

德不應貪著是故説不受福德須菩提若

廿九分

有人言如来若来若去若坐若卧是人不解我所説義何以故如来者無所從来亦無所去故名如来須菩提若善男子善女

三十分

人以三千大千世界碎為微塵於意云何是微塵衆寧為多不須菩提言甚多世尊何以

廿八分

三菩提心者於法不說斷滅相須菩提若菩薩以滿恒河沙等世界七寶持用布施若復有人知一切法無我得成於忍此菩薩勝前菩薩所得功德何以故須菩提以諸菩薩不受福德故須菩提白佛言世尊云何菩薩不受福德須菩提菩薩所作福

蒙佛威力得聞世尊藥師瑠璃光如来名
號不復更有惡趣之怖我等相率皆同一
心乃至盡形歸佛法僧誓當荷負一切有
情為作義利饒益安樂隨於何等村城國
邑空閑林中若有流布此経或復受持藥
師瑠璃光如来名號恭敬供養者我等眷

屬衛護是人皆使解脫一切苦難諸有願
求悉令滿足或有疾厄求度脫者亦應讀
誦此經以五色縷結我名字得如願已然
後解結爾時世尊讚諸藥叉大將言善哉
善哉大藥叉將汝等念報世尊藥師瑠璃
光如来恩德者常應如是利益安樂一切

廿七分

道不能見如來須菩提汝若作是念如來
不以具足相故得阿耨多羅三藐三菩提
須菩提莫作是念如來不以具足相故得
阿耨多羅三藐三菩提須菩提汝若作是
念發阿耨多羅三藐三菩提心者說諸法
斷滅莫作是念何以故發阿耨多羅三藐

可以三十二相觀如来不須菩提言如是

如是以三十二相觀如来佛言須菩提若

以三十二相觀如来者轉輪聖王即是如

来須菩提白佛言世尊如我解佛所說義

不應以三十二相觀如来爾時世尊而說

偈言若以色見我以音聲求我是人行邪

有情

爾時阿難白佛言世尊當何名此法門我

等云何奉持佛告阿難此法門名說藥師

瑠璃光如来本願功德亦名說十二神将

饒益有情結願神呪亦名拔除一切業障

應如是持時薄伽梵說是語已諸菩薩摩

訶薩及大聲聞國王大臣婆羅門居士天龍藥叉健達縛阿素洛揭路茶緊捺洛莫呼洛伽人非人等一切大衆聞佛所説皆大歡喜信受奉行

藥師瑠璃光如来本願功德經

等勿謂如来作是念我當度衆生須菩提
莫作是念何以故實無有衆生如来度者
若有衆生如来度者如来即有我人衆生
壽者須菩提如来説有我者即非有我而
凡夫之人以為有我須菩提凡夫者如来
説即非凡夫是名凡夫須菩提於意云何

来說即非善法是名善法

廿四分

須菩提若三千大千世界中所有諸須彌山王如是等七寶聚有人持用布施若人以此般若波羅蜜經乃至四句偈等受持讀誦為他人說於前福德百分不及一百千萬億分乃至算數譬喻所不能及

廿五分

須菩提於意云何汝

摩訶般若波羅蜜多心経

觀自在菩薩行深般若波羅蜜多時照見
五蘊皆空度一切苦厄舍利子色不異空
空不異色色即是空空即是色受想行識
亦復如是舍利子是諸法空相不生不滅
不垢不淨不增不減是故空中無色無受

想行識無眼耳鼻舌身意無色聲香味觸
法無眼界乃至無意識界無無明亦無無
明盡乃至無老死亦無老死盡無苦集滅
道無智亦無得以無所得故菩提薩埵依
般若波羅蜜多故心無罣礙無罣礙故無
有恐怖遠離顛倒夢想究竟涅槃三世諸

是如是須菩提我於阿耨多羅三藐三菩提乃至無有少法可得是名阿耨多羅三藐三菩提復次須菩提是法平等無有高下是名阿耨多羅三藐三菩提以無我無人無衆生無壽者修一切善法即得阿耨多羅三藐三菩提須菩提所言善法者如

廿二分

法可說是名說法爾時慧命須菩提白佛言世尊頗有眾生於未來世聞說是法生信心不佛言須菩提彼非眾生非不眾生何以故須菩提眾生眾生者如來說非眾生是名眾生須菩提白佛言世尊佛得阿耨多羅三藐三菩提為無所得耶佛言如

佛依般若波羅蜜多故得阿耨多羅三藐
三菩提故知般若波羅蜜多是大神呪是
大明呪是無上呪是無等等呪能除一切
苦真實不虛故說般若波羅蜜多呪即說
呪曰

揭諦揭諦　波羅揭諦

波羅僧揭諦 菩提薩婆訶

摩訶般若波羅蜜多心經

何如来可以具足諸相見不不也世尊如
来不應以具足諸相見何以故如来説諸
相具足即非具足是名諸相具足須菩提
汝勿謂如来作是念我當有所説法莫作
是念何以故若人言如来有所説法即為
謗佛不能解我所説故須菩提説法者無

二十分

此人以是因緣得福甚多須菩提若福德有實如来不說得福德多以福德無故如来說得福德多須菩提於意云何佛可以具足色身見不不也世尊如来不應以具足色身見何以故如来說具足色身即非具足色身是名具足色身須菩提於意云

金剛經妙諦參解

如来臨涅槃時阿難問佛滅度後一切經首初安何字佛言安如是我聞四字故凡經首皆以如是我聞起　五祖大師常勸僧俗但持金剛經即自見佛成性　卷首揭住降二義扼要在降伏其

心所云無有滅度無心莊嚴不著四相不住六塵不受福德皆是闡發如是降伏其心之實義末後演說大乘最上一了無餘之法而藏之曰不取於相如如不動不取於相者應如是降也如如不動者應如是住也住與降名各有取而

十九分

提爾所國土中所有衆生若干種心如来
悉知何以故如来說諸心皆為非心是名
為心所以者何須菩提過去心不可得現
在心不可得未来心不可得須菩提於意
云何若有人滿三千大千世界七寶以用
布施是人以是因緣得福多不如是世尊

菩提於意云何如来有佛眼不如是世尊如来有佛眼須菩提於意云何如恒河中所有沙佛說是沙不如是世尊如来說是沙須菩提於意云何如一恒河中所有沙有如是沙等恒河是諸恒河所有沙數佛世界如是寧為多不甚多世尊佛告須菩

義實相因能除妄即得見真即降即住

也　涅槃經云涅槃乃清淨不死不生

之地一切修行者之所依歸裴相國曰

寂滅常樂故曰涅槃　法華經云佛當

為除斷令盡無有餘　六祖云自性自

度名為真度華嚴經偈曰賦象各由心

影響無欺詐元無造化工羣生自造化
所謂實無衆生得滅度也　如来不以
度衆生為功而了無所得者以其盡除
四相也六祖言修行人有四相心有能
所輕慢衆生名我相自恃持戒輕破戒
者名人相厭三塗苦願生諸天是衆生

来說名真是菩薩須菩提於意云何如来
有肉眼不如是世尊如来有肉眼須菩提
於意云何如来有天眼不如是世尊如来
有天眼須菩提於意云何如来有慧眼不
如是世尊如来有慧眼須菩提於意云何
如来有法眼不如是世尊如来有法眼須

我當滅度無量衆生即不名菩薩何以故
須菩提實無有法名為菩薩是故佛說一
切法無我無人無衆生無壽者須菩提若
菩薩作是言我當莊嚴佛土是不名菩薩
何以故如來說莊嚴佛土者即非莊嚴是
名莊嚴須菩提若菩薩通達無我法者如

相心愛長年而勤修福業法執不忘是
壽者相僧宗沕論六祖說四相特為修
行人言耳至若凡人但知有我自私自
利終日營營為一身計又為子孫計是
我相既分我人便如秦越甚且攀援富
貴鄙薄貧賤私怨常生較量是非是人

相貪嗔癡愛汨沒靈源是衆生相貪生
畏死不安義命是壽者相王蕉園回菩
薩已發大心自有民胞物與器量諸塵
可捨粗障已除所難降伏者惟有我慢
山高未掃能所而已佛與先聖人人接
引處處提撕都如雲影太空雁蹤秋水

提如来所得阿耨多羅三藐三菩提於是
中無實無虛是故如来說一切法皆是佛
法須菩提所言一切法者即非一切法是
故名一切法須菩提譬如人身長大須菩
提言世尊如来說人身長大即為非大身
是名大身須菩提菩薩亦如是若作是言

當得作佛號釋迦牟尼以實無有法得阿
耨多羅三藐三菩提是故然燈佛與我授
記作是言汝於来世當得作佛號釋迦牟
尼何以故如来者即諸法如義若有人言
如来得阿耨多羅三藐三菩提須菩提實
無有法佛得阿耨多羅三藐三菩提須菩

到来即度過眼全抛将有度生者有即
成障将空度人者空亦成塵是以菩薩
分中不應留一毫法也　黄蘗心要曰
過去心不可得是過去捨現在心不可
得是現在捨未来心不可得是未来捨
即布施之義布施兼財施法施外施內

施外施者外捨六塵内施者内捨六根
也　福德淺小深大皆可思量所謂人
天小果有漏之因也不住相則性量與
造化同廣大故不可思量　六祖云不
住是菩薩住處三昧經曰如来所説法
悉從於無住我從無住處是處禮如来

耨多羅三藐三菩提不不也世尊如我解
佛所說義佛於然燈佛所無有法得阿耨
多羅三藐三菩提佛言如是如是須菩提
實無有法如来得阿耨多羅三藐三菩提
須菩提若有法如来得阿耨多羅三藐三
菩提者然燈佛即不與我授記汝於来世

者當生如是心我應滅度一切衆生滅度
一切衆生已而無有一衆生實滅度者何
以故須菩提若菩薩有我相人相衆生相
壽者相即非菩薩所以者何須菩提實無
有法發阿耨多羅三藐三菩提心者須菩
提於意云何如来於然燈佛所有法得阿

以無住為住於無所住是為如所教
住　華嚴經曰佛以法為身清淨如虛
空刊定記云執相迷真對面千里虛心
體物天地一家有必歸無故有相皆虛
妄悟人法兩空即見自性如来此佛印
許須菩提所答令捨諸相身相尚捨何

況餘相佛相尚捨何況餘法　玉樞經曰道以誠而入華嚴經曰信為萬物功德母長養一切諸善根智度論云佛法大海信為能入　六祖曰於諸佛所一心供養隨順教法於諸菩薩善知識師生父母耆年宿德尊長之處常行恭敬

十七分

德我若具說者或有人聞心即狂亂狐疑
不信須菩提當知是經義不可思議果報
亦不可思議一爾時須菩提白佛言世尊善
男子善女人發阿耨多羅三藐三菩提心
云何應住云何降伏其心佛告須菩提善
男子善女人發阿耨多羅三藐三菩提心

佛前得值八百四千萬億那由他諸佛悉
皆供養承事無空過者若復有人於後末
世能受持讀誦此經所得功德於我所供
養諸佛功德百分不及一千萬億分乃至
算數譬喻所不能及須菩提若善男子善
女人於後末世有受持讀誦此經所得功

供養承順教命不違其意是名種諸善
根於一切貧苦衆生起慈愍心不生輕
慢有所須求隨力惠施是名種諸善根
於一切惡類自行柔和忍辱歡喜逢迎
不逆其意令彼發歡喜心息剛戾心是
名種諸善根於六道衆生不加殺害不

欺不賤不毀不辱不騎不華不食其肉
常行饒益是名種諸善根　無四相既
不執法相為法而住於有亦不執非法
相為法而住於無若取法相即有法執
若取非法相即有空執　傅大士曰渡
河須用筏到岸不須船淨信既生則到

處即為是塔皆應恭敬作禮圍繞以諸華香而散其處復次須菩提若善男子善女人受持讀誦此經若為人輕賤是人先世罪業應墮惡道以今世人輕賤故先世罪業即為消滅當得阿耨多羅三藐三菩提須菩提我念過去無量阿僧祇劫於然燈

可量不可稱無有邊不可思議功德如是
人等即為荷擔如来阿耨多羅三藐三菩
提何以故須菩提若樂小法者著我見人
見衆生見壽者見即於此經不能聽受讀
誦為人解說須菩提在在處處若有此經
一切世間天人阿修羅所應供養當知此

岸捨筏不縛於有渡人須筏亦不蹈於

空　如来不盡廢只無定法可說如来

不盡廢言只無定法可說永明禪師曰

佛說一切法為除一切心我無一切心

何用一切法　王樵園曰此再破有空

兩障顯示無為真宗無為非無所為等

於空寂隨人應接順機説法去来不滯
對境亦忘當機啓悟即是有法隨機遷
異即是空法空不礙有有不障空依因
緣立了不涉心此無爲真相　六祖曰
功在自性不是布施供養之所求又曰
不離自性即是福田五祖曰自性若迷

以身布施若復有人聞此經典信心不逆
其福勝彼何況書寫受持讀誦為人解說
須菩提以要言之是經有不可思議不可
稱量無邊功德如來為發大乘者說為發
最上乘者說若有人能受持讀誦廣為人
說如來悉知是人悉見是人皆得成就不

十五分

有善男子善女人能於此經受持讀誦即為如來以佛智慧悉知是人悉見是人皆得成就無量無邊功德須菩提若有善男子善女人初日分以恒河沙等身布施中日分復以恒河沙等身布施後日分亦以恒河沙等身布施如是無量百千萬億劫

福何可救　一切有為法四句偈乃全

經歸宿處言於此經受持一句二句乃

至於此也　文殊師利曰菩薩於諸佛

法都無染著亦不捨離心境空寂自然

清淨是故佛法非佛法也覺道之人既

能覺悟諸相皆空但用所得知解做藥

治箇心中妄想執著之病心地自然調伏無罣礙也　維摩經云欲得淨土但淨其心隨其心淨即佛土淨　黃蘗禪師曰此心無棲泊處即是行諸佛路圓老人曰汝但情識意解一切妄想都盡自然於這裏會去　六祖壇經云五祖

衆生即非衆生須菩提如来是真語者實
語者如語者不誑語者不異語者須菩提
如来所得法此法無實無虛須菩提若菩
薩心住於法而行布施如人入闇即無所
見若菩薩心不住法而行布施如人有目
日光明照見種種色須菩提當来之世若

菩提菩薩應離一切相發阿耨多羅三藐
三菩提心不應住色生心不應住聲香味
觸法生心應生無所住心若心有住即為
非住是故佛說菩薩心不應住色布施須
菩提菩薩為利益一切衆生故應如是布
施如来說一切諸相即是非相又說一切

為六祖説金剛経至應無所住句六祖
言下大悟乃言何期自性本自清淨何
期自性本不生滅何期自性本自具足
何期自性本無動搖何期自性能生萬
法識得此心妙湛圓寂不泥方所本無
所住心無所住如明鏡當前物来悉照

物去即空自然十分清淨矣　杲禪師

曰即心是佛更無別佛即佛是心更無

別心　世尊臨入涅槃文殊請佛再轉

法輪世尊咄曰吾住世四十九年未嘗

說著一字汝再請法輪是吾曾轉法輪

耶　世尊荅文殊曰在世世離世在塵離

菩提如我昔為歌利王割截身體我於爾
時無我相無人相無衆生相無壽者相何
以故我於往昔節節支解時若有我相人
相衆生相壽者相應生嗔恨須菩提又念
過去於五百世作忍辱仙人於爾所世無
我相無人相無衆生相無壽者相是故須

離一切諸相即名諸佛佛告須菩提如是
如是若復有人得聞是經不驚不怖不畏
當知是人甚為希有何以故須菩提如来
說第一波羅蜜即非第一波羅蜜是名第
一波羅蜜須菩提忍辱波羅蜜如来說非
忍辱波羅蜜是名忍辱波羅蜜何以故須

塵是為究竟法六祖云菩提本無樹明
鏡亦非臺本来無一物何處著塵埃
六祖云我此法門無住為本　六祖云
造寺布施供佛設齋名為修福末可將
福以為功德又曰功德在自性中不是
布施供養之所求　永明禪師曰無得

從得中来又曰以無得故無所不得
華嚴經曰色身非是佛音聲亦復然又
云不了彼真性是人不見佛惟內觀返
照即性而修則如来得之於方寸之間
矣 四相皆由我起無我則四相都滅
而忍者修無我之階梯忍之又忍以至

故如來說名實相世尊我今得聞如是經
典信解受持不足為難若當來世後五百歲
其有衆生得聞是經信解受持是人即為
第一希有何以故此人無我相無人相無
衆生相無壽者相所以者何我相即是非
相人相衆生相壽者相即是非相何以故

人說其福甚多爾時須菩提聞說是經深
解義趣涕淚悲泣而白佛言希有世尊佛
說如是甚深經典我從昔來所得慧眼未
曾得聞如是之經世尊若復有人得聞是
經信心清淨即生實相當知是人成就第
一希有功德世尊是實相者即是非相是

于不知有忍則無我之功成　古德云
人天路上以福為先生死海中修道為
急張無盡曰傅大士龎居士豈無妻子
却能身處塵勞心常清淨轉識為智猶
如揮土成金一切煩惱皆是菩提一切
世法皆是佛法即為在家菩薩了事凡

夫豈不偉哉古德頌曰歷劫相隨心作身幾回出沒幾因循此身不向今生度更向何時度此身

中峰和尚答趙松雪書曰聞如来於第四時說般若經六百卷金剛經其一也議者於六百卷之綱目以融通陶汰四

世界是名世界須菩提於意云何可以三
十二相見如来不不也世尊不可以三十
二相得見如来何以故如来說三十二相
即是非相是名三十二相須菩提若有善
男子善女人以恆河沙等身命布施若復
有人於此經中乃至受持四句偈等為他

若波羅蜜即非般若波羅蜜是名般若波
羅蜜須菩提於意云何如來有所說法不
須菩提白佛言世尊如來無所說須菩提
於意云何三千大千世界所有微塵是為
多不須菩提言甚多世尊須菩提諸微塵
如來說非微塵是名微塵如來說世界非

字攝之蓋如来嘗於第二時在鹿苑轉
四諦法輪證諸小乘入有餘涅槃以未
稱本懷由是第三時維摩彈斥使其恥
小慕大然後廣說般若一味談空原夫
般若無可學無可取無可得無可求以
至俱無可為世尊於無可為處洞見源

底哀憐衆生逐妄流轉隨處取著以故廣說空法專為小乘人融其所執通其所滯陶之汰之必欲其淨治心器滿貯般若甘露上味當知心器既淨其般若上味自然充足譬如穴土欲盛虛空其虛空之體隨土出處全體現前而豈待

人盡能受持讀誦須菩提當知是人成就
最上第一希有之法若是經典所在之處
即為有佛若尊重弟子爾時須菩提白佛
言世尊當何名此經我等云何奉持佛告
須菩提是經名為金剛般若波羅蜜以是
名字汝當奉持所以者何須菩提佛說般

三千大千世界以用布施得福多不須菩提言甚多世尊佛告須菩提若善男子善女人於此經中乃至受持四句偈等為他人說而此福德勝前福德復次須菩提隨說是經乃至四句偈等當知此處一切世間天人阿修羅皆應供養如佛塔廟何況有

土出然後別見有虛空可入耶猶衆生
於無始刧来妄執我人狂逐憎愛障大
般若以至於今但我人憎愛之惡習既
消則阿耨菩提般若智慧隨其所消而
現故楞嚴謂狂心未歇歇即菩提又古
德云不學佛法惟務休心此心休得一

分即是學得一分般若此馳求之心全休全歇則般若智慧豈待別有所謂學而致哉如上三大二分之大義特不能外乎此教以般若離相離見無為無得為正宗究竟別無他說但金剛經一卷以約文納深義其名相廣博難於義解

須菩提言甚大世尊何以故佛說非身是
名大身須菩提如恒河中所有沙數如是
沙等恒河於意云何是諸恒河沙寧為多
不須菩提言甚多世尊但諸恒河尚多無
數何況其沙須菩提我今實言告汝若有
善男子善女人以七寶滿爾所恒河沙數

提於意云何菩薩莊嚴佛土不不也世尊
何以故莊嚴佛土者即非莊嚴是名莊嚴
是故須菩提諸菩薩摩訶薩應如是生清
淨心不應住色生心不應住聲香味觸法
生心應無所住而生其心須菩提譬如有
人身如須彌山王於意云何是身為大不

幾不能以句讀但存一念深信之心信
之不已久當自解令利根之士不待功
深力久每以一時聞見附會穿鑿互相
是非皆多於臆說而自開戶牖去般若
之大義遠矣當思祇園問荅之本懷但
欲破其妄執使其了解以故破相蕩執

之辭層見疊出蓋悲願之深護念之切

也

般若波羅蜜多心經集解

觀即照見自在即心無罣礙觀自在即

觀世音梵本自有兩名謂菩薩用般若

照見五蘊身心空寂度諸苦厄即生死

念我是離欲阿羅漢世尊我若作是念我
得阿羅漢道世尊則不說須菩提是樂阿
蘭那行者以須菩提實無所行而名須菩
提是樂阿蘭那行佛告須菩提於意云何
如来昔在然燈佛所於法有所得不不也
世尊如来在然燈佛所於法實無所得須菩

那含須菩提於意云何阿羅漢能作是念我得阿羅漢道不須菩提言不也世尊何以故實無有法名阿羅漢世尊若阿羅漢作是念我得阿羅漢道即為著我人衆生壽者世尊佛説我得無諍三昧人中最為第一是第一離欲阿羅漢世尊我不作是

解脱得大安樂故云自在行深修行甚
深也行深般若所謂入三摩地也五蘊
即下色受想行識照見乃能觀之智五
蘊是所觀之境色幻色受領納想妄想
行遷流造作識明了分別凡人一身不
出色心二者色蘊惟一心蘊有受想行

識四種衆生受生死苦俱從此五蘊縈纏不得解脫来度度脫謂證見真空苦惱斯盡常得遠離分段變易二種生死證菩提涅槃也凡夫為五蘊所縛二乘智淺為斷空所縛即五蘊離五蘊不必屏除五蘊而後見其空也五蘊即是苦

菩提於意云何斯陀含能作是念我得斯
陀含果不須菩提言不也世尊何以故斯
陀含名一往来而實無往来是名斯陀含
須菩提於意云何阿那含能作是念我得
阿那含果不須菩提言不也世尊何以故
阿那含名爲不来而實無不来是故名阿

以故須菩提一切諸佛及諸佛阿耨多羅三藐三菩提法皆從此經出須菩提所謂佛法者即非佛法須菩提於意云何須陀洹能作是念我得須陀洹果不須菩提言不也世尊何以故須陀洹名為入流而無所入不入色聲香味觸法是名須陀洹須

厄五蘊既空苦厄即度並不說十四無
畏三十二應種種神通也菩薩觀色不
是實色是隨緣幻現與真空無異觀空
不是斷空即在一切色中與幻色無異
色以空為體空以色為用不是兩件合
而成的不是一件分得開的如鏡現影

影即是鏡如波在水水即是波受想行
識皆以此例觀也或離色觀空或滅色
名空總為斷空此斷滅如何度得苦厄
故欲識空必先舉色蓋色是妄想結成
衆生最易執著於此勘破則餘四蘊皆
渙然冰釋所謂一根既返源六根成解

切賢聖皆以無爲法而有差別須菩提於
意云何若人滿三千大千世界七寶以用
布施是人所得福德寧爲多不須菩提言
甚多世尊何以故是福德即非福德性是
故如來說福德多若復有人於此經中受
持乃至四句偈等爲他人說其福勝彼何

筏喻者法尚應捨何況非法須菩提於意云何如来得阿耨多羅三藐三菩提耶如来有所說法耶須菩提言如我解佛所說義無有定法名阿耨多羅三藐三菩提亦無有定法如来可說何以故如来所說法皆不可取不可說非法非非法所以者何一

脱也諸法即五蘊等空相即諸法之真
空實相是人人具足的真如自性自性
中貞恒如一本不生滅自性中具足圓
明本不垢淨自性中畢竟平等本不增
減空相無相即以不生不滅等為相經
云無相不相名為實相又云觀一切法

空如實相即此意空中不生不滅等真
空之中是故空中四字直貫到無智無
得句既無五蘊亦無六根六塵此空十
二入也眼耳鼻舌身意為內六根色聲
香味觸法為外六塵根塵相涉為十二
入無十二入亦無十八界十八界者六

無復我相人相衆生相壽者相無法相亦
無非法相何以故是諸衆生若心取相即
為著我人衆生壽者若取法相即著我人
衆生壽者何以故若取非法相則著我人
衆生壽者是故不應取法不應取非法以
是義故如来常說汝等比丘知我說法如

莫作是說如来滅後後五百歲有持戒修
福者於此章句能生信心以此為實當知
是人不於一佛二佛三四五佛而種善根
已於無量千萬佛所種諸善根聞是章句
乃至一念生淨信者如来悉知悉見是諸
衆生得如是無量福德何以故是諸衆生

根六塵六識也舉首末眼識二界超畧中間十六故用乃至二字省文也無明緣行行緣識識緣名色名色緣六入六入緣觸觸緣受受緣愛愛緣取取緣有緣生生緣老死此空十二因緣也亦舉首末無明老死而該其中始無明終老死

由因緣生也無無明盡猶言亦無無無
明也無老死盡義同苦以逼迫為相是
苦果集以招感為相是苦因滅以可證
為相是樂果道以可修為相是樂因此
觀四諦清淨也諦境中苦集是垢相滅
道是淨相空則垢淨皆無智者能證之

五分

所教住須菩提於意云何可以身相見如
来不不也世尊不可以身相得見如来何
以故如来所說身相即非身相佛告須菩
提凡所有相皆是虛妄若見諸相非相即

六分

見如来須菩提白佛言世尊頗有衆生得
聞如是言說章句生實信不佛告須菩提

薩應如是布施不住於相何以故若菩薩
不住相布施其福德不可思量須菩提於
意云何東方虛空可思量不不也世尊須
菩提南西北方四維上下虛空可思量不
不也世尊須菩提菩薩無住相布施福德
亦復如是不可思量須菩提菩薩但應如

智得者所證之理心體本明智不外假
心體本是得不外求空中者無五蘊而
淨羣業無根塵而絕外緣無知見煩惱
而息内障生死不繫迷悟兩忘不過還
其本来止於自在究何所得故特提無
所得一句作上文真空的歸著下文證

果的根蒂菩薩依此般若修證故心無
罣礙無罣礙是真空現前光景色蘊已
空不見有心外之色恐怖何有心蘊已
空不見有心內之心顛倒夢想何有即
此便到涅槃究竟即三世諸佛正等正
覺已到無上亦是依此無所得的般若

非無想我皆令入無餘涅槃而滅度之如
是滅度無量無數無邊衆生實無衆生得
滅度者何以故須菩提若菩薩有我相人
相衆生相壽者相即非菩薩復次須菩提
菩薩於法應無所住行於布施所謂不住
色布施不住聲香味觸法布施須菩提菩

今諦聽當為汝說善男子善女人發阿耨
多羅三藐三菩提心應如是住如是降伏
其心唯然世尊願樂欲聞佛告須菩提諸
菩薩摩訶薩應如是降伏其心所有一切
眾生之類若卵生若胎生若濕生若化生
若有色若無色若有想若無想若非有想若

波羅蜜並無別法所謂以無所得而得
得歸無得也特特說兩個依字要人識
得修證把柄全在於此方便般若是大
神呪觀照般若是大明呪實相般若是
無上呪諸法空相不生不滅等是無等
等呪所言呪者非別有呪即此般若波

羅蜜多六字佛法之最祕密最靈應者
莫如呪故以之讚般若然不說呪不能
顯般若離言絕相之妙故經有經名呪
有呪名今則般若即呪呪即般若不分
顯密二義揭諦四語不可以文字解說
不可以言思擬議方是呪方是般若

中即從座起偏袒右肩右膝著地合掌恭
敬而白佛言希有世尊如来善護念諸菩
薩善付囑諸菩薩世尊善男子善女人發
阿耨多羅三藐三菩提心云何應住云何
降伏其心佛言善哉善哉須菩提如汝所
說如来善護念諸菩薩善付囑諸菩薩汝

金剛般若波羅蜜經

一分

如是我聞一時佛在舍衛國祇樹給孤獨
園與大比丘衆千二百五十人俱爾時世
尊食時著衣持鉢入舍衛大城乞食於其
城中次第乞已還至本處飯食訖收衣鉢
洗足已敷座而坐

二分

時長老須菩提在大衆

清道光但明倫手鈔本

金剛般若波羅蜜經
妙法蓮華經觀世音菩薩普門品
藥師瑠璃光如来本願功德經
摩訶般若波羅蜜多心經

原物收藏：蔡　孔章
出版者：秀威資訊科技股份有限公司
地　址：台北市內湖區瑞光路76巷65號1樓
電　話：(〇二)二七九六—三六三八
印製者：龍岡數位文化股份有限公司
地　址：新北市中和區建六路67巷2號
電　話：(〇二)二二二三—八八一七
二〇二一年一月限量印製
ISBN 978-986-99386-2-4
9 789869 938624

收藏編號